AF197047

40

**Genau
das richtige
Alter,
um ...**

40!

Alles Gute zu deinem Geburtstag!

Feiere deine 40,

die voller Anziehungskraft,
Charme, Sexappeal, Selbstbestimmtheit,
Humor, jeder Menge Lebenserfahrung und
herrlicher Albernheiten steckt.

**Mit 40 bist du weder
zu alt noch zu jung –
genau das richtige
Alter, um ...**

... wieder einmal etwas zum ersten Mal zu tun.

Wann hast du zum letzten Mal etwas zum ersten Mal getan? Als Kind erlebst du viele erste Male. Neugierig entdeckst du die Welt und siehst Dinge zum allerersten Mal – Schmetterlinge, Elefanten, Flugzeuge... Die Welt steckt voller großer und kleiner Wunder! Und das tut sie heute immer noch.

Wage etwas Neues!

... zum Bahnhof
zu fahren und einfach
in den nächsten Zug
zu steigen.

... eine verrückte Liebes- oder Freundschaftserklärung zu machen.

Du könntest für deine Freunde rappen, deiner Liebe tanzend Ausdruck verleihen, ein Graffiti sprühen, eine persönliche Durchsage im Schwimmbad machen oder einen Hermann-/Hermine-Kuchen backen – den kennst du vielleicht noch aus Kindertagen: Teig teilen, mit „Pflegeanleitung" an Freunde verschenken, den eigenen Teil backen und am besten gemeinsam genießen.

... ein Optimist zu sein,
was alle *guten*
Prognosen
angeht.

... ein Pessimist zu sein,
was die schlechten
Vorhersagen
anbelangt.

... die Qual der Wahl

zu haben.

Eines der größten Geschenke, das wir im Leben
haben können, ist, dass wir die Wahl haben.
Espresso oder Pumpkin Spice Latte, Hü oder Hott,
Lächeln oder Jammern, links oder rechts,
Comedy oder Schluss mit lustig ...

**Ein gutes Gefühl, dich
entscheiden zu können, oder?**

... dich *selbst* zu finden. (Immer wieder.)

Und dir _treu_ zu bleiben.

... den
Montagmorgen
mit einer Tasse Tee,
einer Zimtschnecke und
warmen Gedanken
zu beginnen.

... einen perfekten Tag

zu verbringen.

... hin und wieder

aus allen *Wolken*

zu fallen.

**Überraschungen
halten jung!**

...alleine

zu verreisen.

... Tauben
zu beobachten –
in Paris!

... der Mona Lisa

(im Louvre)

zurückzulächeln.

... ein Kompliment geschenkt
zu bekommen.

Hier ein kleiner Vorrat für dich, der von Herzen kommt:
Du bist großartig, ich mag deinen Humor.
Du hast eine tolle Art, die Welt zu sehen.
Du kannst dich wirklich gut in andere hineinversetzen.
Was du tust, hat Hand und Fuß. Du bist genau
richtig so wie du bist. Dein Lachen steckt an.

Danke, dass es dich gibt!

... dich *selbst*
zu loben.

... auf
einem Festival
mitzurocken.

... deinen Vorgesetzten

mal ehrlich

die Meinung zu sagen.

... etwas *Neues* zu lernen.

Von Schach bis Gummitwist – alles ist möglich.

... *dich von*
Altem zu trennen.
(Unglaublich befreiend!)

... Frieden

zu schließen.

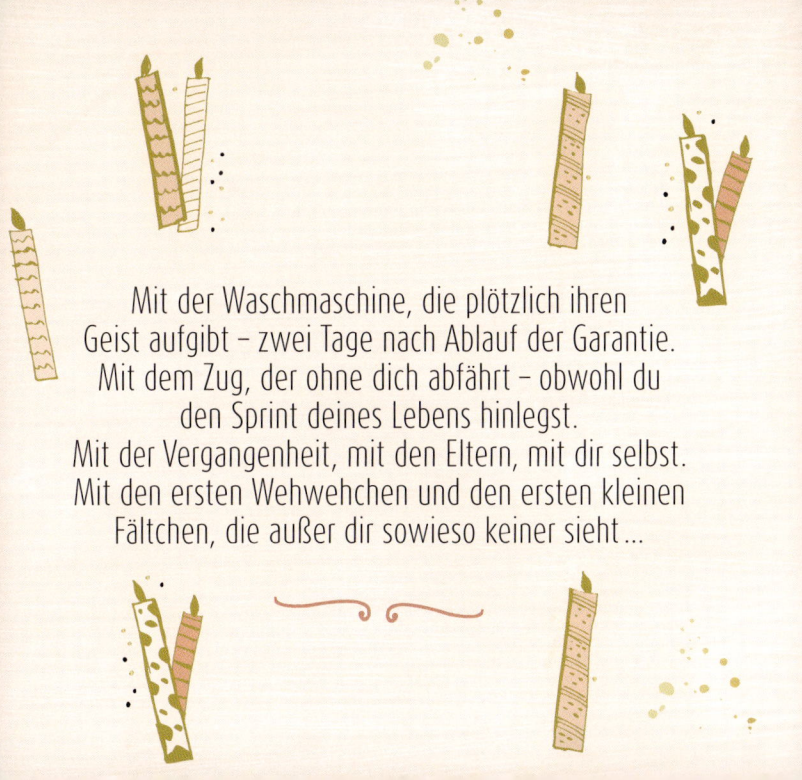

Mit der Waschmaschine, die plötzlich ihren
Geist aufgibt – zwei Tage nach Ablauf der Garantie.
Mit dem Zug, der ohne dich abfährt – obwohl du
den Sprint deines Lebens hinlegst.
Mit der Vergangenheit, mit den Eltern, mit dir selbst.
Mit den ersten Wehwehchen und den ersten kleinen
Fältchen, die außer dir sowieso keiner sieht ...

... einen

Mädels- oder Jungsabend

ins Leben zu rufen.

Gegen Sinnkrisen, Alltagskoller und sonstiges
Unwohlsein. Wenn etwas hilft, dann unsere Mädels
und Jungs! Und das Beste daran: Sie altern mit.

Wir sind nicht allein!

... die beste Party seit

diesem einen unvergesslichen

Kindergeburtstag
zu schmeißen!

... das zu tun,
was du schon immer
einmal tun wolltest.

Ein Sommer auf der Alm, Midsommar in Skandinavien, auf dem Pferderücken durch die Steppe, Wale beobachten, Polarlichter bestaunen, mit der Tibet-Bahn zum Dach der Welt oder mit der Bimmelbahn durch die Stadt fahren, den Jakobsweg gehen, eine Weltreise machen, segeln, tanzen, skaten –

die richtige Zeit ist immer jetzt.

... *Schluss*

zu machen –

**mit halben Sachen und
faulen Kompromissen.**

... das Glück in
die eigene Hand
zu nehmen!

... aus vollem Herzen

ich liebe dich

zu sagen.

... eine alte Kassette

anzuhören.

... einmal
auf der Bühne
zu stehen.

... über den

roten Teppich

zu laufen.

Den gibt es für zu Hause kostengünstig beim
Discounter oder (etwas kuschliger und schicker)
im Möbelhaus deines Vertrauens.

... im Stadion

mitzufiebern.

Dabei sein ist alles: Erlebe die knisternde Atmosphäre im Stadion auf einem Großevent – Fußball, Olympia, WM, Super Bowl, ein Mega-Konzert oder eine Stadion-Show.

... die Nacht

durchzumachen (wie früher)

und den Sonnenaufgang
zu beobachten.

... ein Date mit dem Meer
zu haben.

**Frühmorgens allein
am Meer. Auf Du und Du.
Wunderschön ...**

... eine Flaschenpost

zu verschicken.

Unglaublich, aber wahr: Du kannst sie auch
per Post verschicken. Vorausgesetzt, die Flasche
ist rechteckig und abgeflacht anstatt rund, zudem
bruchsicher und nicht mehr als zehn Zentimeter
hoch und sieben Zentimeter breit.

... einen *Baum* zu pflanzen ...

... und später in
seinem Schatten
zu sitzen.

... deine

Überstunden

zu reduzieren.

... die Geburtstagskerzen

einzuschmelzen und neu zu gießen.

Aus Alt mach Neu – und schon liegst du voll im Trend mit Upcycling. Du könntest aus den alten Wachsresten zum Beispiel eine Yoga-Duftkerze oder die romantische Beleuchtung für dein nächstes Candlelight-Dinner kreieren.

... auf Yoga statt Yolo

zu setzen!

Definitiv ein Pluspunkt gegenüber den Zwanzigern
und Dreißigern: nicht (immer) mithalten zu müssen!
You only live once – richtig, das ist aber noch
lange kein Grund, sich an einem Gummiseil fünfzig
Meter in die Tiefe zu stürzen.
(Es sei denn, du willst es unbedingt.)

... dich mit Kopf

und Herz und Haut und Haaren

auf die nächsten Jahrzehnte

zu freuen!

Bildnachweis: Cover und Innenteil: Shutterstock.com

Text: Tina Herold
Cover und Layout: Christin Bussemas Ampersand loves
Satz: Petra Schmidt Grafik Design
Gesamtherstellung: AZ Druck und Datentechnik GmbH, Kempten

Aus Verantwortung für die Umwelt hat sich die Verlagsgruppe Droemer Knaur
zu einer nachhaltigen Buchproduktion verpflichtet. Der bewusste Umgang mit unseren Ressourcen,
der Schutz unseres Klimas und der Natur gehören zu unseren obersten Unternehmenszielen.

Gemeinsam mit unseren Partnern und Lieferanten setzen wir uns für eine klimaneutrale Buchproduktion ein,
die den Erwerb von Klimazertifikaten zur Kompensation des CO₂-Ausstoßes einschließt.

Weitere Informationen finden Sie unter:
www.klimaneutralerverlag.de

40 – Genau das richtige Alter, um …
GTIN 978-3-8485-0135-9
© 2023 Groh Verlag. Ein Imprint der Verlagsgruppe
Droemer Knaur GmbH & Co. KG, München
www.geschenkverlage.de

MIX
Papier | Fördert
gute Waldnutzung
FSC® C008457